学力がアップする「語彙力」が身につく！ことばプリント

小学5・6年生

例解学習国語辞典
第十二版対応

辞書引き学習の
深谷圭助

目次

「ことばプリント」小学5・6年生

人の行動

動作(1)

1 (　)にあてはまる言葉を［　］から選んで、記号で答えましょう。

(1) 引きとめるのをふり(　　)帰る。

(2) ここにきて、研究がかべにつき(　　)。

(3) 日曜の午後三時に、母と駅で落ち(　　)ことにしました。

(4) 夕飯のしたくをいろいろとして、父の帰りを待ち(　　)。

(5) エネルギーを節約して、地球温暖化を食い(　　)。

(6) あの役者が、ブームを巻き(　　)。

ア 当たる　イ 起こす　ウ 構える　エ 切って　オ 合う　カ 止める

2 □にあてはまる言葉を□から選んで書きましょう。

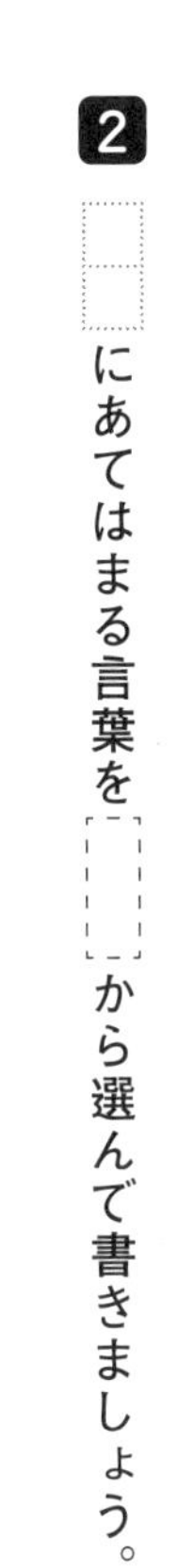

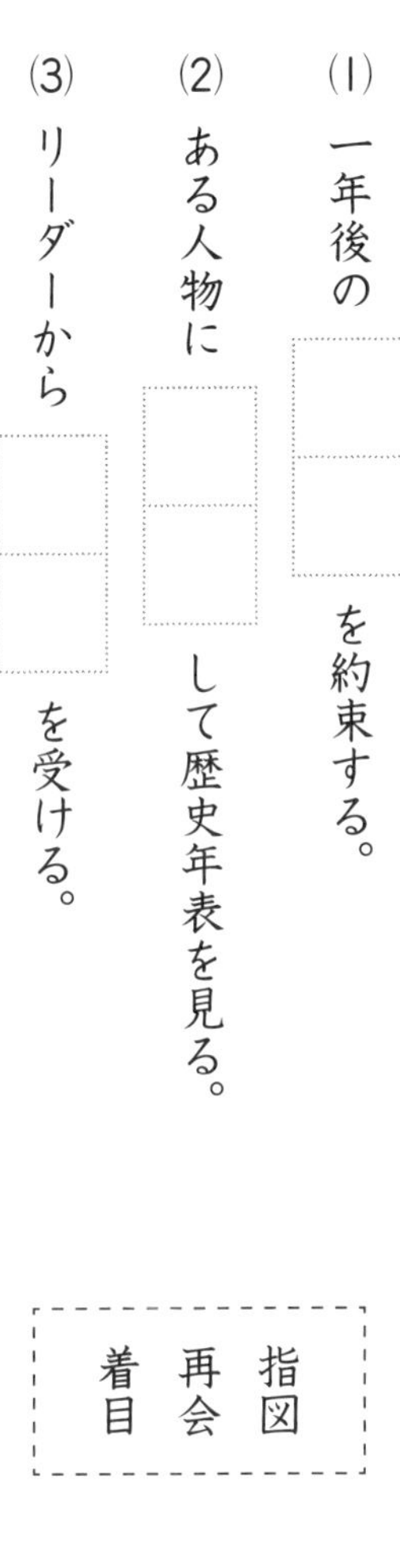

(1) 一年後の□□を約束する。

(2) ある人物に□□して歴史年表を見る。

(3) リーダーから□□を受ける。

指図　再会　着目

3 ——の言葉の意味を下から選んで、•——•で結びましょう。

(1) 交通事故に遭(あ)う。	•	• ア 今まで行ってきたことをやめること。
(2) テントを張る。	•	• イ のばし広げること。
(3) 制服を廃止(はいし)する。	•	• ウ 土や石などを積み上げてつくること。
(4) 堤防(ていぼう)を築く。	•	• エ 好ましくないことにあうこと。

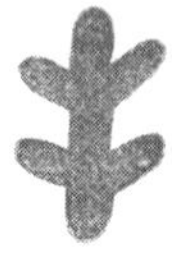

動作(2)

1 ――の言葉の意味と同じ意味の漢字を下から選んで、•――•で結びましょう。

(1) 畑に水を撒(ま)く。 •　　• ア 育成

(2) 笑顔で人と接する。 •　　• イ 接触(せっしょく)

(3) すこやかに育む。 •　　• ウ 散布

2 言葉の使い方が正しいほうに○をつけましょう。

(1) わかるまで｛反復・解放｝して勉強した。

(2) 家の庭でトマトを｛派生・栽培(さいばい)｝する。

(3) 回収日に不用品を｛廃棄(はいき)・断念｝する。

3 （　）にあてはまる言葉を［　］から選んで書き、文を完成させましょう。

ペットを飼うことが（(1)　　　）になっています。しかし、動物を（(2)　　　）することは、単に（(3)　　　）こととはちがいます。生命を（(4)　　　）、（(5)　　　）を注ぐことは動物（(6)　　　）にもつながります。さらに人と動物の（(7)　　　）関係が生まれます。

ア 愛情　イ 甘(あま)やかす　ウ ブーム　エ 尊び
オ 飼育　カ 信頼(しんらい)　キ 愛護

人の行動

心の動き(1)

1 ( )にあてはまる言葉を[ ]から選んで、記号で答えましょう。

(1) カっきて( )する。

(2) くやしいので( )してやる。

(3) 悪かったと( )する。

(4) 母と意見が( )した。

ア 謝罪　イ 衝突(しょうとつ)　ウ 復しゅう　エ 投降

2 上と下がつながるように、•——•で結びましょう。

(1) 文句を言われてばかりで性格が •

(2) 彼(かれ)の活躍(かつやく)は優勝候補を •

(3) うそがばれて •

(4) 愛犬の死を •

• ア 居直る。

• イ 脅(おびや)かす。

• ウ 嘆(なげ)く。

• エ ひねくれる。

3 （　）にあてはまる言葉を［　］から選んで書き、文を完成させましょう。

計算テストで六十点を取ってしまい、(1)（　　　）だった。

計算問題だけは得意だと(2)（　　　）していたのに(3)（　　　）ない。こんな点を取るなんて(4)（　　　）が許さない。テスト前に遊んでしまったことを(5)（　　　）している。考えていると、勉強への(6)（　　　）がわいてきた。

今度は百点を取りたい(7)（　　　）でがんばる。

情け　意欲　自尊心　後悔（こうかい）
一心　自負　ショック

人の行動

心の動き(2)

1 (　)にあてはまる言葉を□から選んで、記号で答えましょう。

(1) しかられることを(　　)する。

(2) 舞台(ぶたい)で歌うとは(　　)がいい。

(3) (　　)の集中をはかる。

(4) 人を(　　)にかける。

ア 度胸　イ 覚悟(かくご)　ウ 暗示　エ 精神

2 次の文を読んで、意味に合う言葉を●―●で結びましょう。

(1) まちがって思いこむこと。　・　・ア 記憶(きおく)

(2) 前にあったことを思い出すこと。　・　・イ 決断

(3) 物ごとをおぼえること。　・　・ウ 勘違(かんちが)い

(4) きっぱりと考えを決めること。　・　・エ 回想

3 言葉の使い方が正しいほうに○をつけましょう。

(1) 言われてみれば思い｛当たる／起こす｝ふしがある。

(2) 欲しいおかしを｛手間取る。／ねだる。｝

(3) 私の発言が彼（かれ）に｛方策／誤解｝をあたえてしまった。

(4) 思い返して、先日の行動を｛恥（は）じる。／もぎとる。｝

(5) 声を聞くと、その人の｛プラン／イメージ｝が浮（う）かぶ。

(6) その事件は｛不可解／識別｝だ。

(7) あの人は思いやりの心が強く、｛申し訳ない／情け深い｝人だ。

人の行動 ● 考え

1 （　）にあてはまる言葉を［　］から選んで、記号で答えましょう。

(1) 二人の（　　）が合わない。

(2) （　　）を実験で確かめる。

(3) 審判（しんぱん）は投球をボールと（　　）した。

(4) 天気を（　　）する。

［ア 仮説　イ 判定　ウ 予測　エ 見解］

2 □に共通してあてはまる漢字を［　］から選んで書きましょう。

(1) 警察では犯人を□理している。／被害額（ひがいがく）は一億円を超（こ）えると□定される。

(2) 便利な道具を考□する。／会議で原□どおりに可決された。

［推　案］

3 ――の言葉の意味を下から選んで、•――•で結びましょう。

(1) 自由とわがままを混同するな。 •　　• ア 実際に感じること。

(2) あの人はいつもおもしろい発想をする。 •　　• イ うまいやり方。よい方法。

(3) なにも言わないほうが得策だ。 •　　• ウ 区別しなければならないのに同じにすること。

(4) 地震(じしん)のこわさを実感する。 •　　• エ 自分でよい悪いを考えて決めること。

(5) 演説の構想を練る。 •　　• オ 思いつき、アイデア。

(6) いつも判断に迷ってしまう。 •　　• カ 考えを組み立ててまとめること。

会話

1 （　）にあてはまる言葉を［　］から選んで書きましょう。

(1) 話がうまく通じないので、言い（　　　）。

(2) 今度は必ず勝つときっぱり言い（　　　）。

(3) 祖父はがんこ者で言い（　　　）たら引かない。

(4) 一人で北海道まで行くと言い（　　　）。

(5) 彼（かれ）はいつも人の秘密を言い（　　　）。

(6) 裁判官が無罪を言い（　　　）。

ふらす
出し
直す
切る
わたす
張る

2 □に共通してあてはまる漢字を[　]から選んで書きましょう。

(1) 言□の自由。／□点がはっきりしない。

(2) □解してもムダだ。／友を□護する。

(3) □外するな。／ささいなことで□論する。

論　口　弁

3 次の言葉の意味を下から選んで、●—●で結びましょう。

(1) ディスカッション　・

(2) ディベート　・

(3) エピソード　・

・ア　あるテーマについて、賛成と反対に分かれて議論すること。

・イ　話し合い。討論。

・ウ　ある物ごとや人についてのちょっとした話。

人の行動

移動

1 （　）にあてはまる言葉を［　］から選んで、記号で答えましょう。

(1) この道は（　　）ことができません。

(2) 警察は容疑者を（　　）していった。

(3) 折り返し点から、彼の（　　）となった。

ア 連行　イ 独走　ウ 通りぬける

2 ——の言葉の意味を下から選んで、●——●で結びましょう。

(1) 兄はゴールを目指して快走する。　・　・ア 仕事などでほかの所へ出かけること。

(2) 車を後退させて道をゆずる。　・　・イ 後ろへ下がること。

(3) 会社の用事で出張する。　・　・ウ 気持ちのよいほど、速く走ること。

3 □□にあてはまる言葉を□から選んで書きましょう。

(1) ハワイに□□した先生に会いに行きます。

(2) 私の兄がハワイまで□□してくれます。

(3) 彼(かれ)はようやく目的地に□□しました。

(4) 海沿いの公園を先生と□□しました。

(5) 仕事中の夫も昼食には□□します。

(6) アメリカ大陸を□□したいです。

引率　散策　縦断　合流　到達(とうたつ)　移住

人の行動

チャレンジ

1 上と下がつながるように、•——•で結びましょう。

(1) 大雨の中で試合を •　　• ア 手柄（てがら）をたてる。

(2) 困難に •　　• イ 強行する。

(3) 人命救助の •　　• ウ 打ち勝つ。

2 □にあてはまる言葉を［ ］から選んで書きましょう。

(1) 三位入賞の □□ がある。

(2) 合格の □□ が入る。

(3) 医学に □□ のある人。

功績　実績　朗報

3 ――の言葉の意味を［　］から選んで、記号で答えましょう。

(1) 小さな疑問が大発明の要因となった。（　）

(2) ハプニングが起こる。（　）

(3) 絶好のチャンスをつかむ。（　）

(4) 絵の才能がぬきんでている。（　）

(5) 災害地を復興する。（　）

(6) 新しい工事に着手する。（　）

(7) 多くの業績をあげる。（　）

ア　とびぬけて優れている。
イ　仕事や研究の成果。
ウ　思いがけない出来事。
エ　仕事に取りかかる。
オ　物ごとが起こるわけ。
カ　おとろえたものをまた盛んにする。
キ　ちょうどよい機会。

人の行動

いろいろな動き（1）

1 言葉の使い方が正しいほうに○をつけましょう。

(1) 敵の出方に｛対応／代用｝する。

(2) 口やかましいおじを｛紛失（ふんしつ）／敬遠｝する。

(3) 終わりの二行を｛削除（さくじょ）／復旧｝する。

(4) けがをしたので、とりあえず｛撤去（てっきょ）／処置｝をした。

(5) 何回も注意したのに、この｛始末／許可｝だ。

2 □に共通してあてはまる漢字を□から選んで書きましょう。

⑴ 予防接種の対象から□外する。／地面の石を□く。

⑵ □礼の手紙を書く。／全商品一割引きの□恩セール。

除　謝

3 上と下がつながるように、●—●で結びましょう。

⑴ わがままな友達を •　　• ア 見積もる。

⑵ 近所の人とあいさつを •　　• イ 設ける。

⑶ 工事の費用を •　　• ウ 交(か)わす。

⑷ 明日の試験に •　　• エ 見限る。

⑸ 地方の出張所を •　　• オ 承服した。

⑹ きつい要求をしぶしぶ •　　• カ 備える。

人の行動

いろいろな動き(2)

1 （　）にあてはまる言葉を□から選んで、記号で答えましょう。

(1) 研究所に調査を（　　）する。

(2) 契約（けいやく）を（　　）する。

(3) 電話での（　　）がうまい。

(4) 全員の（　　）を得る。

ア 応対　イ 賛同　ウ 解消　エ 依頼（いらい）

2 □に共通してあてはまる漢字を□から選んで書きましょう。

(1) 借金の□済を迫（せま）られる。／休日も□上して働く。

(2) 彼（かれ）に水泳の□導を受けた。／医者の□示を守って療養（りょうよう）する。

返　指

3 次の文を読んで、意味に合う言葉を[ ]から選んで書きましょう。

(1) 結んでくっつけること。　結び（　　）

(2) 呼んで近くに来させること。　呼び（　　）

(3) 分け合うこと。　分かち（　　）

(4) そのものにさらに付け足すこと。　付け（　　）

(5) ひとつの見方で物ごとをはっきりと決めること。　割り（　　）

(6) 自分のところに引き受けること。　引き（　　）

(7) 周りの人たちがおだてて役目につかせること。　祭り（　　）

取る　切る　合う　上げる　加える　付ける　寄せる

人の様子

1 上と下がつながるように、•——•で結びましょう。

(1) 顔かたちが美しいあの俳優は •　　　• ア 見苦しい。
(2) あの人はやせていて体つきが •　　　• イ おとろえる。
(3) そんな言い訳をするのは •　　　• ウ 二枚目だ。
(4) 年のせいか、さすがに体力が •　　　• エ 貧弱だ。

2 ——の言葉と反対の意味の言葉を［　］から選んで、記号で答えましょう。

(1) アリとゾウ、後者が強いに決まっている。 ↕ （　　）
(2) おかしをみんなに公平に分ける。 ↕ （　　）
(3) 彼（かれ）は町の有力者です。 ↕ （　　）

ア 不公平
イ 前者
ウ 無力

3 ――の言葉の意味を［　］から選んで、記号で答えましょう。

(1) 弟は**たくましく**成長した。（　）

(2) とても**正気**のさたとは思えない。（　）

(3) あの事件をきっかけに二人は**険悪**になった。（　）

(4) 状況（じょうきょう）に**適応**した行動です。（　）

(5) 先生はこの流派（りゅうは）の**元祖**だ。（　）

(6) 彼（かれ）が休んだばかりに会議に**支障**が出た。（　）

(7) 私はだれの味方にもならず**中立**の立場です。（　）

ア 物ごとを進めるうえでさまたげになること。

イ 体ががんじょうで強いこと。

ウ 環境に合わせてあてはめること。

エ 厳しくてとげとげしい様子。

オ 物ごとをはじめてやり始めた人。

カ どちらにもかたよらないこと。

キ 頭の働きが正常であること。

様子を表す言葉

● 態度

1 上と下がつながるように、●―●で結びましょう。

(1) 右手を痛めてしまって用意に ・　　・ア なごむ。

(2) 応援（おうえん）で力が体いっぱいに ・　　・イ みなぎる。

(3) 彼（かれ）の登場に場が ・　　・ウ もたつく。

2 （　）にあてはまる言葉を［　］から選んで、記号で答えましょう。

(1)（　　）に意見を通す。

(2) 先生のその一言で、座が（　　）。

(3) 警戒（けいかい）が（　　）だ。

(4) 身の（　　）が証明された。

> ア 厳重
> イ 強引
> ウ 潔白
> エ 白ける

3 次の文を読んで、意味に合う言葉を●――●で結びましょう。

(1) 自分だけよいと思いこんで、ほかの人の意見を聞き入れないこと。 ・　・ア 丁重(ていちょう)

(2) 必要以上に大切に育てること。 ・　・イ 知らん顔

(3) 礼儀(れいぎ)正しく、丁寧(ていねい)な様子。 ・　・ウ 無責任

(4) ぴったりと付くこと。 ・　・エ 熱烈(ねつれつ)

(5) 熱心で、いきおいの激しい様子。 ・　・オ ひとりよがり

(6) 責任をもたないこと。 ・　・カ 過保護

(7) 知っていながら、まったく知らないふりをすること。 ・　・キ 密着

● 性格

1 上と下がつながるように、•——•で結びましょう。

(1) あの人は声をあらげたりせず　•　　•ア　のんきだ。
(2) 彼(かれ)は急(せ)かされてものんびりしていて　•　　•イ　おく病だ。
(3) 弟は少しのことにもこわがって　•　　•ウ　温厚だ。

2 次の文を読んで、意味に合う言葉を［　］から選んで、記号で答えましょう。

(1) 簡単でこみいっていないこと。（　）
(2) 生まれつきの性質や才能。（　）
(3) 物ごとをやりぬこうとする強い心。（　）
(4) 人や物がもつ気品。（　）

ア　品格
イ　単純
ウ　根性
エ　資質

3 （　）にあてはまる言葉を［　］から選んで、記号で答えましょう。

(1) 花子さんはいつもにこにこしていて、（　）がある。

(2) 太郎(たろう)さんは乱暴で言葉づかいも（　）ところがある。

(3) それは正しくない、ずるいやり方で（　）です。

(4) よし子さんは、どんな人とでもうまく付き合い、（　）です。

(5) 一郎(いちろう)さんは、どんな要求にも逆らわない素直で（　）な人です。

(6) 赤ちゃんが（　）をして、泣き出した。

(7) 姉は感じ方が細やかで、（　）なところがあります。

ア ひきょう　イ 社交的　ウ 繊細(せんさい)　エ あいきょう　オ 従順
カ 人見知り　キ あらっぽい

能力

1 ――の言葉の意味を[　]から選んで、記号で答えましょう。

(1) 彼(かれ)の博識にはいつもおどろかされる。（　　）

(2) 良識ある行動をしよう。（　　）

(3) あの人は高い見識をもっている。（　　）

ア 物ごとをまちがえず、判断する力。　イ すぐれてしっかりした考え。
ウ 広くいろいろなことを知っていること。

2 （　）にあてはまる言葉を下から選んで、•――•で結びましょう。

(1) （　　）あるタカはつめを隠(かく)す。 •　　•ア 能

(2) チンパンジーは（　　）が高い。 •　　•イ 能率

(3) 仕事の（　　）が上がる。 •　　•ウ 知能

3 言葉の使い方が正しいほうに○をつけましょう。

(1) 彼(かれ)があの仕事を選んだのは{賢明(けんめい)／理性}だった。

(2) きみの話は{熟練／要領}を得ない。

(3) あなたのお兄さんはビジネスの{才覚／観点}があるようだ。

(4) あなたの{特技／念頭}はなんですか。

(5) チーターは{技能／びんしょう}な動物です。

(6) 彼(かれ)はいつも考えの足りない{おろか／ユーモア}なことを言う。

物の様子⑴

1 （　）にあてはまる言葉を［　］から選んで、記号で答えましょう。

⑴ 休日の球場は客がたくさん入って、（　　）だ。

⑵ このバナナは青くてかたく、（　　）だ。

⑶ ここのトマトは、うちで栽培したものより（　　）大きいです。

⑷ （　　）な砂漠が広がる。

⑸ 薬で痛みが（　　）される。

⑹ 水と油は（　　）する。

ア 広大　イ 一回り　ウ 軽減　エ 大入り　オ 分離　カ 未熟

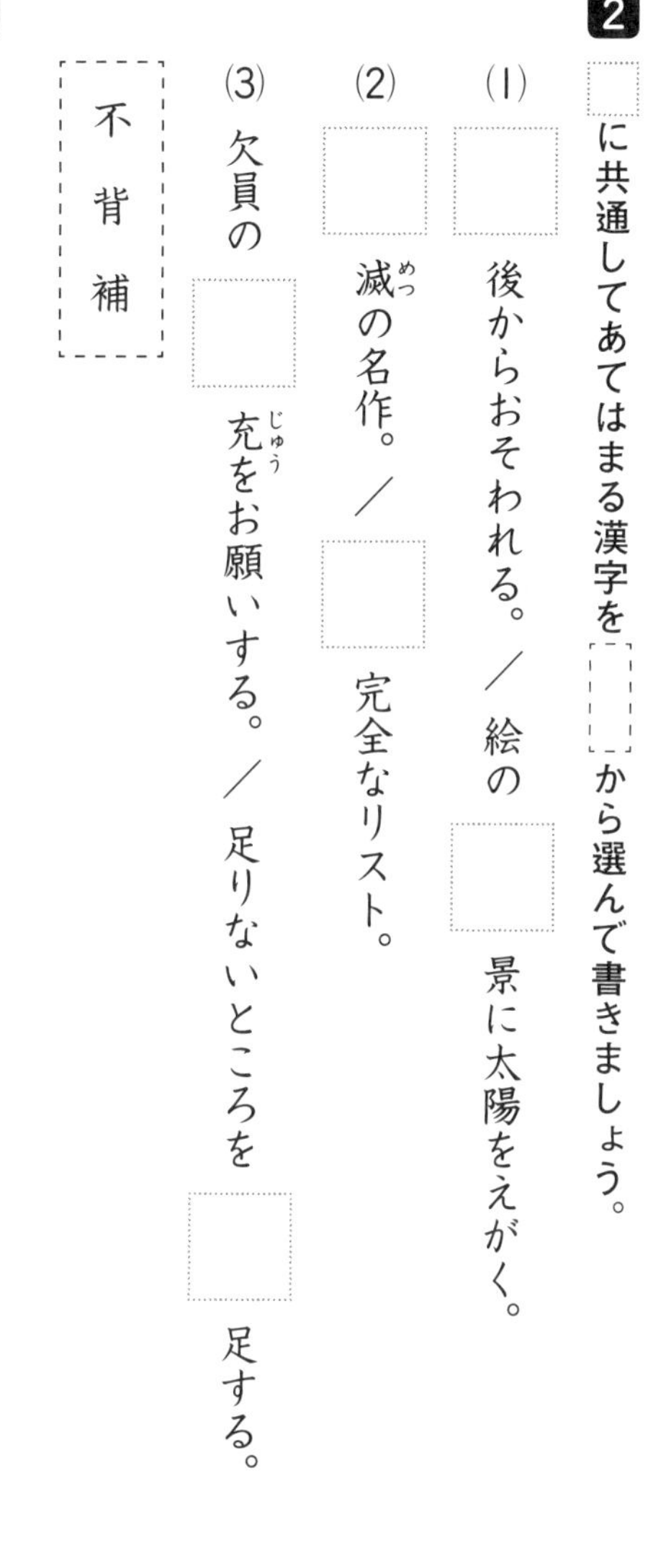

2 □に共通してあてはまる漢字を[　]から選んで書きましょう。

(1) □後からおそわれる。／絵の□景に太陽をえがく。

(2) □滅(めつ)の名作。／□完全なリスト。

(3) 欠員の□充(じゅう)をお願いする。／足りないところを□足する。

不　背　補

3 ——の言葉の意味を下から選んで、•—•で結びましょう。

(1) 夜の学校はひっそりとしている。　•　　•ア 酸性でもアルカリ性でもない性質。

(2) 中性洗剤(せんざい)を使って洗う。　•　　•イ 静かで、物音一つしない様子。

(3) この機械は旧式で、使い方がわからない。　•　　•ウ 考え方や形、やり方が古いこと。

様子を表す言葉

物の様子(2)

1 (　)にあてはまる言葉を[　]から選んで、記号で答えましょう。

(1) 満ち潮で川の水が(　　)する。

(2) 彼(かれ)の意見はかたよっていて(　　)だ。

(3) 冷暖房(れいだんぼう)(　　)の部屋をお願いします。

(4) (　　)選手を三振(さんしん)にうちとる。

ア　極端(きょくたん)
イ　完備
ウ　逆流
エ　主力

2 ——の言葉と反対の意味の言葉を[　]から選んで、記号で答えましょう。

(1) 休日の校庭は開放される。 ↔ (　　)

(2) 車が加速する。 ↔ (　　)

(3) 身長の伸(の)びに比例して、体重も増えた。 ↔ (　　)

ア　減速
イ　閉鎖(へいさ)
ウ　反比例

3 言葉の使い方が正しいほうに○をつけましょう。

(1) 秋は果物が｛発生／豊富｝だ。

(2) ｛殺風景／未解決｝な部屋に絵をかざる。

(3) 兄は｛不断／調和｝の努力の末に成功した。

(4) あの作家の作品が海外で大きな｛反響（はんきょう）／名残｝を巻き起こす。

(5) 彼（かれ）は野球が｛不振（ふしん）／抜群（ばつぐん）｝にうまい。

(6) 間に合うか遅（おく）れるか｛微妙（びみょう）／万全｝なところです。

程度

1 （　）にあてはまる言葉を［　］から選んで、記号で答えましょう。

(1) 業務の報告、連絡（れんらく）は、（　）しよう。

(2) （　）の緊張（きんちょう）で足がふるえた。

(3) 人間には（　）な休息が必要です。

［ア 徹底（てってい）　イ 適度　ウ 極度］

2 ――の言葉の意味を下から選んで、・――・で結びましょう。

(1) 可もなく不可もない。　・　　・ア 新しいことと古いこと。

(2) 新旧の委員が交代する。　・　　・イ よくないこと。認められないこと。

(3) 学力の水準が高い。　・　　・ウ 物ごとの値打ちを決めるときの程度、レベル。

3 上と下がつながるように、●——●で結びましょう。

(1) そんなことで怒(おこ)り出すなんて勘違(かんちが)いも　・

(2) 国際的に発表するための実験は、　・

(3) 先日の発言で彼(かれ)への疑いは　・

(4) そんな食生活では栄養が　・

(5) その試験問題はとても　・

(6) いくら彼(かれ)でも能力には　・

(7) 大会に向けて選手を　・

・ア　濃厚(のうこう)になった。

・イ　限界がある。

・ウ　はなはだしい。

・エ　強化する。

・オ　念入りにしよう。

・カ　かたよる。

・キ　難解です。

様子を表す言葉 ● 量

1 （　）にあてはまる言葉を［　］から選んで、記号で答えましょう。

(1) （　　）の疑問が残る。

(2) 反対意見が（　　）を占めた。

(3) 百円（　　）の売り場。

(4) （　　）な遺産を相続する。

ア	過半数
イ	若干
ウ	莫大（ばく）
エ	均一

2 ——の言葉の意味を下から選んで、•——•で結びましょう。

(1) のべ人数でいいので、教えてください。 •　　• ア　わずかな様子。

(2) かすかな期待をいだいています。 •　　• イ　ひとまとめにすること。

(3) クラスで一括（いっかつ）して本を購入（こうにゅう）する。 •　　• ウ　重複していても、それぞれひとつとする数え方。

3 （　）にあてはまる言葉を［　］から選んで、記号で答えましょう。

⑴ 昨年の売り上げがよかったので、店の（　　　）を拡大する。

⑵ なにからなにまで彼（かれ）には（　　　）な迷惑（めいわく）をかけた。

⑶ 朝からよい天気だったのに、夜になって（　　　）に冷えこむ。

⑷ 先生、（　　　）テストはやめてください。

⑸ 早い対応をせまられているので、（　　　）に会議で決めましょう。

⑹ 長くてわかりにくいので、もっと（　　　）にまとめてください。

⑺ 人口の（　　　）が高い地域です。

ア ぬき打ち　イ 規模　ウ 急激　エ 密度　オ 早急　カ 多大　キ 簡潔

好き

1 （　）にあてはまる言葉を［　］から選んで、記号で答えましょう。

(1) 明るい人はだれからも（　　）を持たれる。

(2) 友達の頼（たの）みを（　　）引き受ける。

(3) イヌが飼い主を（　　）。

(4) あのビルは、世界一の高さを（　　）。

(5) 太郎（たろう）さんと（　　）関係を築く。

(6) 親に（　　）をする。

ア したう
イ ほこる
ウ 孝行
エ 快く
オ 友好
カ 好感

2 上と下がつながるように、•——•で結びましょう。

(1) お天気にめぐまれて、旅行は •　　• ア 志願したい。

(2) 大きくなったら南極観測隊に •　　• イ 快適でした。

(3) 私は担任の先生を •　　• ウ 尊敬しています。

3 ——の言葉の意味を［　］から選んで、記号で答えましょう。

(1) 誠意を持って行動する。（　　）

(2) 気安い間がら。（　　）

(3) 負けた選手の心情を思いやる。（　　）

(4) 音楽を愛好する人が集まる。（　　）

ア うそやごまかしがなく、心をこめてつくす気持ち。
イ 好きでいつもそれに親しむこと。
ウ えんりょがいらない。
エ 心の中の思い。気持ち。

人の気持ち

きらい

1 上と下がつながるように、•——•で結びましょう。

(1) 梅雨(つゆ)どきは雨が続いて •
(2) そんなことは余計な •
(3) 妹はえらそうにしていて •
(4) 上司の命令に •

• ア 生意気だ。
• イ 背(そむ)く。
• ウ お節介(せっかい)だ。
• エ うっとうしい。

2 (　)にあてはまる言葉を[　]から選んで、記号で答えましょう。

(1) 彼(かれ)の言動は疑わしく、(　　)に思った。
(2) 何度やってもうまくいかず、気持ちが(　　)。
(3) ゆうかい犯に(　　)を感じる。

ア くじける
イ 憎悪(ぞうお)
ウ 不審(ふしん)

3 ——の言葉の意味を［　］から選んで、記号で答えましょう。

(1) 苦難とたたかう。（　）

(2) 信用していたのに見損(みそこ)なった。（　）

(3) ひもじさでみじめな思いをした。（　）

(4) 先輩(せんぱい)に歯向かう。（　）

(5) 彼(かれ)はよくなれなれしい態度をとる。（　）

(6) 仲間を裏切る。（　）

ア えんりょがない様子。
イ 身に降りかかる苦しみ。
ウ 値打ちを見誤る。
エ 味方との約束をやぶって敵側につくこと。
オ あわれで情けない様子。
カ 強い者にさからうこと。

いろいろな感情

1 上と下がつながるように、•—•で結びましょう。

(1) 新しい試練に •
(2) 新入生たちはすぐに •
(3) 妹はしかられて、まだ •

• ア 泣きじゃくっている。
• イ 立ち向かう。
• ウ 打ち解けた。

2 （　）にあてはまる言葉を［　］から選んで、記号で答えましょう。

(1) 弟は（　　）ほど絵がうまい。
(2) （　　）の一作。
(3) 彼（かれ）の意見に（　　）する。

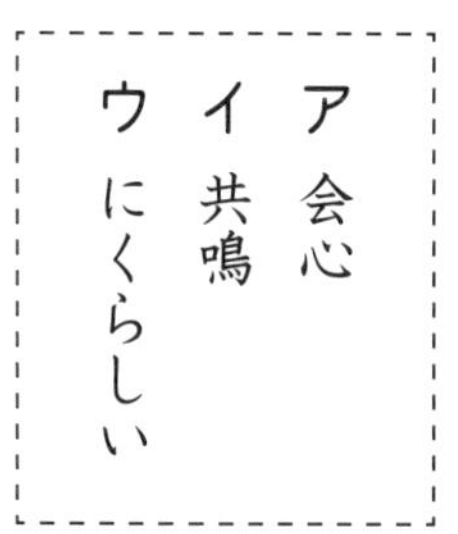
ア 会心
イ 共鳴
ウ にくらしい

3 言葉の使い方が正しいほうに○をつけましょう。

(1) 風に { 反抗（はんこう） / 抵抗（ていこう） } して進む。

(2) 友人の不幸に { 同情 / 合意 } してなぐさめる。

(3) 大きな声援（せいえん）に選手は { 奮起 / 爆発（ばくはつ） } した。

(4) 妹の急な発熱に、母は { ずんずん / おろおろ } した。

(5) 試合前の { 緊張（きんちょう） / 逆境 } をほぐす。

(6) 被災地（ひさいち）の人々を { 創造する。 / 思いやる。 }

人の体

体の部分

1 （　）にあてはまる言葉を［　］から選んで、記号で答えましょう。

(1) ボールが目に当たって、（　　）に傷がついた。

(2) 小さな星は（　　）では見えない。

(3) （　　）になったので、めがねをかけた。

ア　近視
イ　肉眼
ウ　眼球

2 上と下がつながるように、•——•で結びましょう。

(1) 彼（かれ）は骨格が　•　　•ア　改善しよう。

(2) 健康のために体質を　•　　•イ　まっすぐに伸（の）ばす。

(3) 背筋を　•　　•ウ　たくましい。

3 ――の言葉の意味を［　］から選んで、記号で答えましょう。

(1) 胸をぶつけたら、肋骨（ろっこつ）が折れてしまった。（　）（　）

(2) 大脳の表面にはたくさんのしわがある。（　）

(3) 冷え予防のために、腹部をあたためる。（　）

(4) 代謝を高めるために筋肉をきたえましょう。（　）

(5) 外科（げか）の病棟（びょうとう）は右奥（おく）にあります。（　）

(6) 肝臓（かんぞう）の「かん」の字は「肝心（かんじん）」の「かん」と同じ漢字です。（　）

ア 体を動かすために働く肉。
イ 傷や病気を手術で治す医学分野。
ウ 胸の部分を守っている骨。
エ 脳の中のいちばん大きい部分。
オ おなかのあたり。
カ 食べ物の消化を助ける内臓の一つ。

人の体

体の具合

1 次のなかまの言葉を［　］から三つずつ選んで、記号で答えましょう。

(1) 痛みを表す言葉。（　）（　）（　）

(2) 病院で行うこと。（　）（　）（　）

(3) 内臓の名前。（　）（　）（　）

ア 激痛　イ 腎臓（じんぞう）　ウ 治療（ちりょう）
エ 頭痛　オ 食道　カ 検査
キ 腹痛　ク 輸血　ケ 肺

2 □に共通してあてはまる漢字を［　］から選んで書きましょう。

(1) 広い□野に立つ。／霧（きり）が晴れて□界が開ける。

(2) 障□を乗り越（こ）える。／傷□事件が起こる。

視　害

3 ――の言葉の意味を下から選んで、•―•で結びましょう。

⑴ 歯ぐきが炎症（えんしょう）を起こした。 •　　• ア うみをもつこと。

⑵ 私はねこアレルギーをもっています。 •　　• イ 病気などがうつること。

⑶ 傷が化のうしてきた。 •　　• ウ 病原菌（びょうげんきん）から作る薬。

⑷ ウイルスに感染（かんせん）しないように手洗いをしましょう。 •　　• エ 熱や痛みによって、はれること。

⑸ インフルエンザのワクチンを打っておきましょう。 •　　• オ 体の一部をほかの所や別の人に移しかえること。

⑹ 心臓の移植は難しい手術です。 •　　• カ ある物に対して過敏（かびん）な反応を起こすこと。

くらしの言葉

衣・食・住(1)

1 次の文を読んで、意味に合う言葉を[ ]から選んで、記号で答えましょう。

(1) 何人かでいっしょに食事をすること。（　）

(2) 料理の種類や組み合わせの予定。（　）

(3) 温度が下がらないように、ある温度を保つこと。（　）

ア 保温　イ こんだて　ウ 会食

2 上と下がつながるように、•—•で結びましょう。

(1) きれいなお皿に煮物（にもの）を •　　• ア 盛る。

(2) 干したふとんを •　　• イ 編む。

(3) 毛糸でセーターを •　　• ウ 取りこむ。

3 (　)にあてはまる言葉を[　]から選んで、記号で答えましょう。

(1) 欧米人(おうべいじん)の主食はパンですが、日本人は主に(　　)です。

(2) (　　)は、白米、パン、イモ類に多くふくまれています。

(3) 冷凍(れいとう)食品をレンジで(　　)する。

(4) サケの(　　)をあみで焼きます。

(5) 観賞用にきれいな花ですが、(　　)の種類もあります。

(6) このミカンは特に(　　)が強い。

(7) (　　)をきちんと食べないと午前中は力が出ません。

ア 食用　イ 解凍(かいとう)　ウ 切り身　エ 炭水化物　オ 米食　カ 酸味　キ 朝食

くらしの言葉

衣・食・住(2)

1 二つの意味を持つ言葉があります。意味に合う言葉を●—●で結びましょう。

(1) アイロンをかけること。／おしつけること。　・　　・ア　ドレッシング

(2) サラダなどにかけるソース。／衣服を着ること。着付け。　・　　・イ　フロア

(3) ゆか。／建物の階。　・　　・ウ　プレス

2 □に共通してあてはまる漢字を[　]から選んで書きましょう。

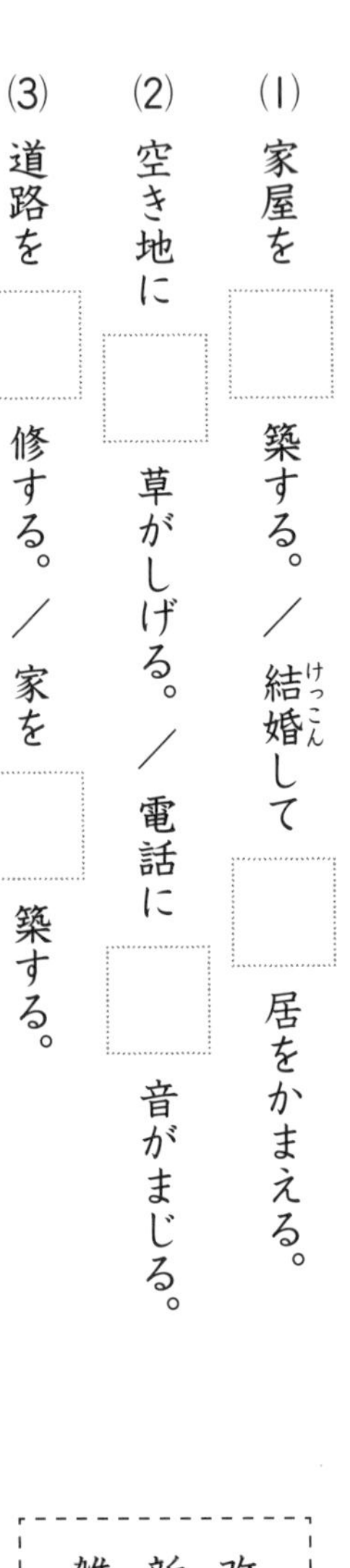

(1) 家屋を□築する。／結婚(けっこん)して□居をかまえる。

(2) 空き地に□草がしげる。／電話に□音がまじる。

(3) 道路を□修する。／家を□築する。

[雑　新　改]

3 （　）にあてはまる言葉を［　］から選んで、記号で答えましょう。

(1) 衣服の素材に（①　　）や（②　　）が使われています。

(2) 彼（かれ）はよくくつ下をはかずに（　　）でいることが多い。

(3) そんな（　　）で富士山に行っては危ない。

(4) 山奥（やまおく）の小さな（　　）に住んでいた。

(5) この部屋の（　　）はいくらですか。

(6) 門をペンキで（　　）する。

(7) 中学校では制服ですか、（　　）ですか。

ア 私服　イ 集落　ウ 木綿　エ 軽装　オ 素足（すあし）　カ 麻（あさ）　キ 塗装（とそう）　ク 家賃

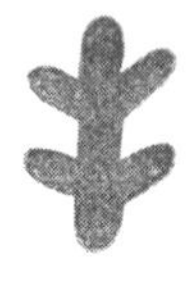

くらしの言葉

家族・仲間

1 （　）にあてはまる言葉を［　］から選んで、記号で答えましょう。

⑴ 皆（みな）、彼（かれ）の行動に（　　　）を示した。

⑵ A子は、小学校の時からの（　　　）だ。

⑶ 友達はたくさんいるが、ときどき（　　　）を感じることがある。

⑷ あの人とは単なる（　　　）だ。

⑸ わが家では、家族の（　　　）の時間を大切にしている。

ア 顔見知り　イ 団らん　ウ 敬意　エ 孤独（こどく）　オ 旧友

2 次の文は自分にかかわる言葉です。（　）にあてはまる言葉を［　］から選んで、記号で答えましょう。

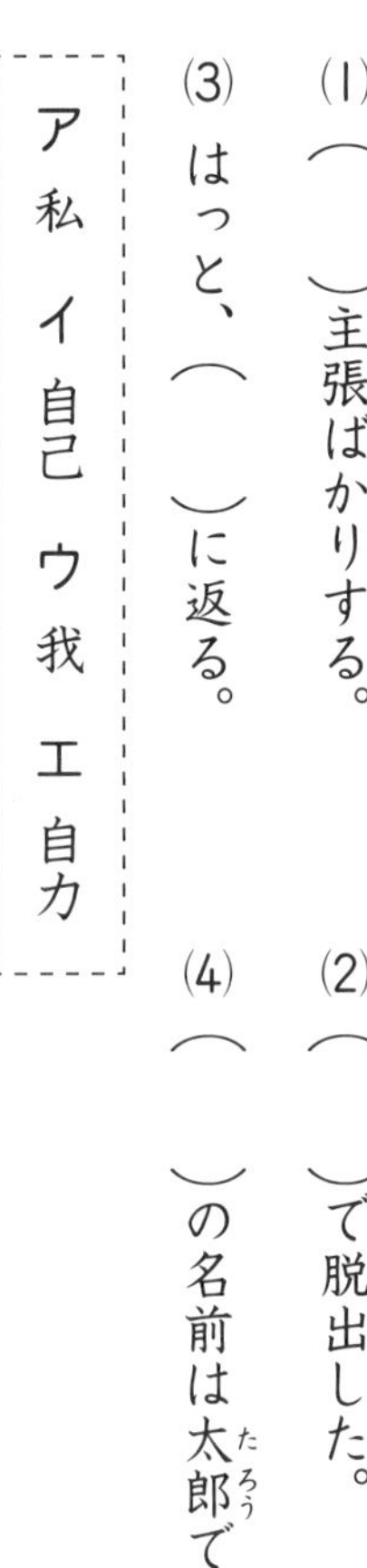

(1)（　）主張ばかりする。

(2)（　）で脱出（だっしゅつ）した。

(3) はっと、（　）に返る。

(4)（　）の名前は太郎（たろう）です。

ア 私　イ 自己　ウ 我　エ 自力

3 次の文を読んで、意味に合う言葉を•―•で結びましょう。

(1) 仲間の中で一番上に立つ人。　•　　•ア 有志

(2) あることについてやろうとする気持ちがあること、またその人。　•　　•イ 宿敵

(3) ずっと前からの敵。　•　　•ウ 親分

人生

1 （　）にあてはまる言葉を［　］から選んで、記号で答えましょう。

(1) 父は生まれてから今までの（　　）を話してくれました。

(2) 十年経(た)てば、ネコも（　　）。

(3) 親は子供を愛情いっぱいに（　　）。

(4) 私が左利きなのは（　　）かもしれません。

ア 遺伝
イ 老いる
ウ 生い立ち
エ 育む

2 言葉の使い方が正しいほうに○をつけましょう。

(1) 莫(ばく)大な ｛遺産／遺言(ゆいごん)｝ を相続する。

(2) 二人の ｛旧友／交際｝ が始まる。

(3) うちのネコの ｛個性／性別｝ はオスです。

3 ――の言葉の意味を下から選んで、●――●で結びましょう。

(1) 両親を続けて亡くすとは、なんと因果なことだろう。 ・

(2) 人づてに彼の消息を知る。 ・

(3) あの家は格式が高い。 ・

(4) 今日の運勢はあまりよくない。 ・

(5) 試験に受かるなんて奇跡だ。 ・

(6) 急に雨に降られて不運だった。 ・

(7) 月面着陸が宇宙開発の先駆けになった。 ・

・ア 身分、家柄、その決まり。

・イ その人に備わっている運命。

・ウ 悪いめぐり合わせ。

・エ ほかのものより先になること。

・オ 様子を知らせる連絡、たより。

・カ 運が悪いこと。

・キ ふつうではとても考えられない、不思議なこと。

世間

1 次の文を読んで、上の意味に合う言葉を、[ ]から選んで記号で答えましょう。

(1) 人々の意見や考え。
（　　）に耳をかたむけよ。

(2) 世の中のならわしとなっていること。しきたり。
長年の（　　）で正月にもちを食べる。

(3) ありきたり。世間なみ。
虫垂炎(ちゅうすいえん)は（　　）にいう盲腸(もうちょう)です。

(4) ある決まった基準に従って並べた順序。
年齢(ねんれい)の順に（　　）が決まっている。

(5) 人として守るべき約束、礼儀(れいぎ)。
あの人はよく（　　）にはずれた行いをする。

ア 仁義　イ 慣習　ウ 俗(ぞく)　エ 序列　オ 世論

2 （　）にあてはまる言葉を［　］から選んで、記号で答えましょう。

(1) 休日の映画館は大変な（　　）だ。

(2) 災害に備えて、（　　）訓練を行う。

(3) 男女で（　　）するのはやめましょう。

ア 差別
イ 人出
ウ 防災

3 ――の言葉の意味を下から選んで、•――•で結びましょう。

(1) 法律で規定している。　•　　•ア 入り乱れてまとまりがなくなること。

(2) 群集がおし寄せる。　•　　•イ お金や品物をぬすまれる災難。

(3) 海外で盗難（とうなん）に遭（あ）う。　•　　•ウ 決まりとしていること。

(4) いろいろな話を聞いて頭が混乱した。　•　　•エ 人や動物の集まり。

くらしの言葉

● 年月・歴史

1 （　）にあてはまる言葉を[　]から選んで、記号で答えましょう。

(1) 時代区分のひとつで、古代と近世の間の時代を（　　）といいます。

(2) 二〇二五年には第二次世界大戦の（　　）八十年をむかえます。

(3) 夏目漱石（なつめそうせき）、芥川龍之介（あくたがわりゅうのすけ）などは日本の（　　）文学を築いた作家です。

ア 近代　イ 戦後　ウ 中世

2 ――の言葉の意味を下から選んで、•――•で結びましょう。

(1) 年末年始はどこで過ごす予定ですか。　•　　•ア おおみそかの夜。

(2) 歳末（さいまつ）助け合い運動に参加しましょう。　•　　•イ 年のはじめ。

(3) 除夜の鐘（かね）はどこで打ちますか？　•　　•ウ 一年の終わり。年の暮れ。

3 （　）にあてはまる言葉を［　］から選んで書きましょう。

(1) 勉強の（　　　　　）にどうしてもマンガが読みたくなる。

(2) 親は（　　　　　）子供の幸せを願う。

(3) 家に着いた（　　　　　）に雨が降り出した。

(4) このレストランではいつもハンバーグを食べるが、（　　　　　）カレーにしてみよう。

(5) 友人が（　　　　　）家にたずねてきておどろいた。

(6) 約束の時間が過ぎたが、出発の（　　　　　）まで待とう。

間際（まぎわ）　常に　突然（とつぜん）　直後　時には　最中

社会

国家・政治

1 （　）にあてはまる言葉を［　］から選んで、記号で答えましょう。

(1) 市長選挙に（　　）する。

(2) 無罪か有罪かは（　　）で決まる。

(3) ぼくは弱い人に味方する（　　）だ。

ア　主義	イ　裁判	ウ　立候補

2 次の文を読んで、意味に合う言葉を•―•で結びましょう。

(1) 外国との付き合いや話し合い。	•	•ア　憲法
(2) 国の決まりのいちばん大もとになる法律。	•	•イ　防衛
(3) 法律などの決まりに従って行う政治。	•	•ウ　外交
(4) 攻撃(こうげき)に対して防ぎ、守ること。	•	•エ　行政

3 （　）にあてはまる言葉を［　］から選んで書きましょう。

(1) 内閣総理大臣は（　　　　）とも呼ばれます。

(2) 内閣は国会で選ばれた（　　　　）が中心になります。

(3) 国民は（　　　　）の義務があります。

(4) 選挙権を持っている人を（　　　　）といいます。

(5) 裁判所は裁判を行う（　　　　）の機関です。

(6) 三つの国が同じ目的のために（　　　　）を結ぶ。

有権者　司法　首相（しゅしょう）　内閣総理大臣　同盟　納税

ま

社会 ● 経済

1 言葉の使い方が正しいほうに○をつけましょう。

(1) 父は{資本／出資}を投じて事業を始めた。

(2) 車は高額なので{多額／分割}ばらいで買おう。

(3) バザーで得た{収益／損害}を寄付する。

(4) 我が国はいろいろな国と{支出／交易}しています。

(5) {財力／損失}にまかせて次々に工場を建(た)てる。

2

次の言葉と反対の意味の言葉を［　　］から選んで、記号で答えましょう。

(1) 家計が黒字になった。　↔（　　）

(2) 消費者とは作り出されたものを買う人です。　↔（　　）

(3) 日本は石油を輸入している。　↔（　　）

ア　生産者
イ　輸出
ウ　赤字

3

——の言葉の意味を下から選んで、•——•で結びましょう。

(1) 金品の授受があったらしい。　•

(2) 土地を安く買収する。　•

(3) もうけはみんなで配分しよう。　•

(4) かかった費用を算出する。　•

(5) 不景気で失業者が多い。　•

• ア　割り当てて配ること。

• イ　受け渡し(わた)をすること。

• ウ　世の中の金回りのよくないこと。

• エ　お金を出して買い取ること。

• オ　計算して数を出すこと。

社会

産業・流通

1 （　）にあてはまる言葉を［　］から選んで、記号で答えましょう。

(1) 新しく会社を（　　）した。

(2) よく売れて、商品の（　　）が一つもない。

(3) 新商品を開発したので、（　　）を申請（しんせい）する。

ア 特許　イ 設立　ウ 在庫

2 ――の言葉の意味を下から選んで、・――・で結びましょう。

(1) この畑では二毛作をしています。　・　　・ア 鉄を主な成分とする金属材料。

(2) これは規格に合っていますか。　・　　・イ 同じ田畑にちがった作物を一年に二回作ること。

(3) この柱は鉄鋼でできています。　・　　・ウ 大きさ、品質などについて定められた標準。

3 （　）にあてはまる言葉を［　］から選んで書き、文を完成させましょう。

(1) リンゴは青森県の（①　　　　）のひとつです。青森県のリンゴは全国に（②　　　　）されています。今年は特に（③　　　　）ですので、楽しみにしていてください。

(2) 先日（①　　　　）した店は、日曜日も（②　　　　）しています。

(3) （①　　　　）には向かない土地なので、サクラを何本か（②　　　　）して公園にします。

オープン　出荷（しゅっか）　耕作　農産物　植樹　営業　豊作

社会

職業・労働

1 ――の言葉の意味を［　］から選んで、記号で答えましょう。

(1) 新聞配達のアルバイトをする。（　　）

(2) 腕(うで)のいい職人になるために修業する。（　　）

(3) 料理の腕前(うでまえ)は玄人(くろうと)のようだ。（　　）

ア 主に手先の技術で物を作る仕事をしている人。イ 本来の仕事や学業のほかにお金を得るためにする仕事。ウ その方面によく慣れている専門家、プロ。

2 次の文を読んで、意味に合う言葉を、•――•で結びましょう。

(1) 書籍(しょせき)や雑誌を編集・印刷して売り出すこと。 • 　　• ア 製造

(2) 土地や家など、持ち運びできないもの。 • 　　• イ 出版

(3) 材料に手を加えて、品物を作ること。 • 　　• ウ 不動産

3 （　）にあてはまる言葉を[　]から選んで記号で書き、文を完成させましょう。

(1) 来年学校を卒業して会社に（①　　）します。先日、採用試験で（②　　）を受けてきました。入社後、三か月は（③　　）期間で、その後に（④　　）をみて、（⑤　　）部署が決まるようです。

(2) 休職していましたが、先月（　　）しました。

(3) 部長に（①　　）し、三十人の（②　　）がいます。少しですが、（③　　）も上がりました。

ア 研修　イ 部下　ウ 適性　エ 復帰　オ 就職
カ 面接　キ 配属　ク 就任　ケ 賃金

文化

芸能・風習

1 ――の言葉の意味を下から選んで、•――•で結びましょう。

(1) 日本文化の<u>伝統</u>を子孫に伝える。 ・　　・ア 国が保護している彫刻（ちょうこく）、絵など。

(2) 初日の出を拝む<u>ならわし</u>があります。 ・　　・イ 古くから特色として受けつがれてきたこと。

(3) この古墳（こふん）に描（えが）かれた絵は<u>国宝</u>に指定された。 ・　　・ウ 古くからの決まったやり方、習慣。

2 （　）にあてはまる言葉を［　］から選んで、記号で答えましょう。

(1) （　　　）は映画の演技指導や全体をまとめる役割です。

(2) この舞台（ぶたい）を見た（　　　）からたくさんの花が届いた。

(3) この映画の主役はあの（　　　）だ。

ア 俳優（はいゆう）	イ 観衆	ウ 演出

3 言葉の使い方が正しいほうに○をつけましょう。

(1) オリンピックはスポーツの｛参拝・祭典｝だ。

(2) 神は万物を｛守護・礼拝｝する。

(3) ぜひあのふたりの俳優（はいゆう）の｛共演・独奏｝を見てみたい。

(4) あの映画の｛上映・筋書き｝時間は四時間と長い。

(5) ｛盆踊（ぼんおど）り・祝賀｝は先祖の魂（たましい）を慰（なぐさ）めるための踊（おど）りで、主に夏に行われます。

(6) 新聞の｛字幕・文芸｝欄（らん）を読むのが楽しみです。

文化

教育・学問

1 （　）にあてはまる言葉を［　］から選んで記号で書き、文を完成させましょう。

先日、英語の（⑴　）試験がありました。一年前から英語の（⑵　）の学校に入り、勉強をしてきました。

その学校では、習熟度別に（⑶　）をしています。一時期、下のクラスになった時は不安でしたが、授業のあと、（⑷　）を受けてがんばりました。（⑸　）の先生方のすばらしいご指導もあり、なんとか試験に（⑹　）することができました。

ア 講師　イ 専門　ウ 合格　エ 補習
オ 検定　カ 組分け

2 次の文を読んで、意味に合う言葉を［　　］から選んで、四字熟語を作りましょう。

(1) 学校に入るための試験。　［　　］［　　］試験

(2) 日本国民のだれもに受けさせなければならない教育。小学校、中学校の九年間。　［　　］［　　］教育

(3) ふつうに身につけておく広い知識。　一般(いっぱん)［　　］［　　］

義務　入学　教養

3 ——の言葉の意味を下から選んで、•——•で結びましょう。

(1) 気分が悪くて学校を<u>早退</u>した。　•　　•ア 勉強して身についた知識や能力。

(2) <u>学力</u>が向上した。　•　　•イ 学問と、その学問を実際に使っていく技術。

(3) <u>学術</u>調査団を派遣(はけん)する。　•　　•ウ 決まった時間より早く帰ること。

文化 ● 表現

1 （　）にあてはまる言葉を［　　］から選んで、記号で答えましょう。

(1)（　　）をたどりながら本を読む。

(2) 賛成者の（　　）を集める。

(3) 作文の（　　）を行う。

ア 添削（てんさく）
イ 文脈
ウ 署名

2 次の言葉の意味を下から選んで、•——•で結びましょう。

(1) 著作 •　　• ア 台本の中で登場人物のしぐさや様子が説明してある文章。

(2) 比喩（ひゆ） •　　• イ 本を書き著（あらわ）すこと。

(3) ト書き •　　• ウ 物ごとの説明にほかの物ごとを使って表すこと。

3 （　）にあてはまる言葉を［　］から選んで書き、文を完成させましょう。

(1) 私は、本日（①　　）を務めます。みなさんの意見を
黒板に（②　　）役目です。
発言者の名前を（③　　）します。名前の漢字にまちがいが
あれば、（④　　）しますので、教えてください。

(2) 太郎が病気を（①　　）に休んだことをぼくは（②　　）しなかった。

ア 口外　イ 書記　ウ 書きこむ　エ 口実
オ 訂正（ていせい）　カ 明記

文化 ● スポーツ

1 言葉の使い方が正しいほうに○をつけましょう。

(1) チームを率いてそのチームを代表する選手が{審判(しんぱん)／主将}です。

(2) 試合中にけがをし、途中(とちゅう)で{宿泊(しゅくはく)／棄権(きけん)}してしまった。

(3) {タイム／タイミング}を取って、作戦を練る。

2 ――の言葉と反対の意味の言葉を［　］から選んで書きましょう。

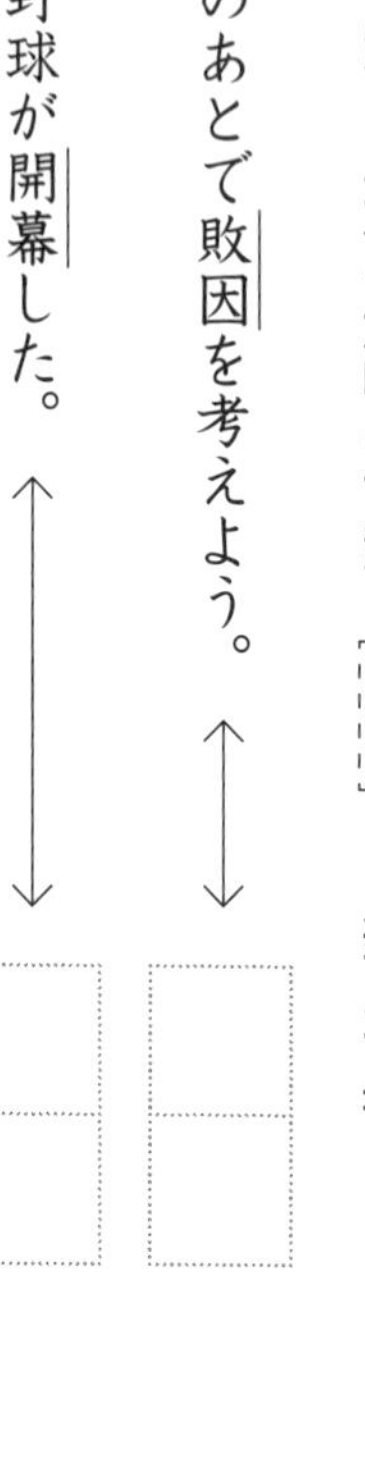

(1) 試合のあとで敗因を考えよう。 ⇔ ［　　］

(2) プロ野球が開幕した。 ⇔ ［　　］

［閉幕　勝因］

3 （　）にあてはまる言葉を［　］から選んで、記号で答えましょう。

(1) 走ってとんで、その長さを競う競技が（　　）です。

(2) 満塁（まんるい）ホームランが出て、（　　）勝ちをした。

(3) 彼（かれ）は試合を（　　）に進めた。

(4) 私はバスケットボールやサッカーなどの（　　）が得意です。

(5) （　　）は長い距離（きょり）を何人かでリレー式に走る陸上競技です。

(6) 走ってバーをとび越（こ）え、その高さを競う競技が（　　）です。

ア 球技　イ 走り幅（はば）とび　ウ 駅伝　エ 優勢
オ 走り高とび　カ 逆転

自然

天気・天体

1 次の文を読んで、意味に合う言葉を•——•で結びましょう。

(1) 雨をともなった暴風。激しい雨風。 •　　• ア 春雨（はるさめ）

(2) 雨が降ること。 •　　• イ 雷雨（らいう）

(3) 静かに降る春の雨。 •　　• ウ 小雨（こさめ）

(4) 大雨。一度に大量に降るどしゃ降りの雨。 •　　• エ 暴風雨

(5) かみなりが鳴り、雨が降ること。 •　　• オ 降雨

(6) 小降りの雨。 •　　• カ 豪雨（ごうう）

2 ――の言葉の意味を［　］から選んで、記号で答えましょう。

(1) この地域は温暖で過ごしやすい。（　）

(2) 冬至(とうじ)の反対を夏至(げし)といいます。（　）

(3) 夕方になると西日がまぶしい。（　）

ア 北半球で一年で夜がいちばん長くなる日。
イ 西から差してくる太陽の光。
ウ 気候がほどよく暖かいこと。

3 （　）にあてはまる言葉を［　］から選んで、記号で答えましょう。

(1) これは一九〇〇年代に地球に落ちた（　）です。

(2) 私たちの地球は、（　）の中にあります。

(3) 地球は自ら回る（　）という動きをしています。

ア 自転
イ 隕(いん)石
ウ 太陽系

自然

生物・地形

1 （　）にあてはまる言葉を［　］から選んで、記号で答えましょう。

(1)（　　）は、水中にすむ小さな生物で、魚のえさとなります。

(2)（　　）は、手のひらの形をした葉が、秋になると赤くなる木です。

(3) 秋になると木々が（　　）して、美しい。

(4) イモリやカエルなどは、子供のうちは水中にすむ（　　）です。

(5) 姉は花が好きで、（　　）を習っています。

(6)（　　）は幹がまっすぐで家具や建物に使われる木ですが、春の花粉（かふん）に悩（なや）まされる人が多くいます。

ア 杉（すぎ）　イ 両生類　ウ 紅葉　エ プランクトン　オ 楓（かえで）　カ 生け花

2 ――の言葉と反対または対になる言葉を［　］から選んで、記号で答えましょう。

(1) 日本は赤道よりも北の北半球に位置しています。 ←→ （　）

(2) 緯度（いど）は赤道を基準にして南北それぞれに九十度までを示す線です。 ←→ （　）

(3) 経線は地球の表面を通って南極と北極を結んだ経度を表す線です。 ←→ （　）

ア 緯線（いせん）　イ 南半球　ウ 経度

3 ――の言葉の意味を下から選んで、•――•で結びましょう。

(1) ここは武蔵野（むさしの）台地です。 •　　• ア 周りよりも少し高く、平らな土地。

(2) 富士山の山頂から日の出を拝む。 •　　• イ いつもある決まった方向に流れている海水の流れ。

(3) 日本の周りにある海流は、千島（ちしま）海流、日本海流などです。 •　　• ウ 山のいただき。てっぺん。

使い方に特徴（とくちょう）のある言葉

四字熟語

1 □に共通してあてはまる漢字を［ ］から選んで書きましょう。

(1) □飲□食はやめよう。

(2) □問□答してみる。

(3) 人には□長□短がある。

(4) □体□命のピンチ。

［ 絶　自　暴　一 ］

2 文と同じ意味になるように、●―●で結んで四字熟語を作りましょう。

(1) ひとつのもので二つの得をするたとえ。　一石・　　・ア 改良

(2) 男女の声を合わせた合唱。　混声・　　・イ 二鳥

(3) ユネスコの条約によって重要と定められたもの。　世界・　　・ウ 合唱

(4) 手を加えてよりよい品種をつくること。　品種・　　・エ 遺産

3 □にあてはまる漢字を[ ]から選んで書き、その読みを●―●で結びましょう。

(1) □差□別 ・　　・ア ちがいほうけん

(2) □進□歩 ・　　・イ ぶんめいかいか

(3) □同□異 ・　　・ウ せんさばんべつ

(4) □外□権 ・　　・エ にっしんげっぽ

(5) □明□化 ・　　・オ だいどうしょうい

[万 日 小 開 治 文 法 大 月 千]

同音異義語（発音が同じで意味のちがう言葉）

1 次の文を読んで、意味に合う漢字を［　］から選んで、［　］に書きましょう。

(1) ①Aさんの考えに［　　］（いぎ）を唱えた。

②父の死にあい、人生の［　　］（いぎ）を考えた。

(2) ①私は◯◯中学を［　　］（しぼう）している。

②父は［　　］（しぼう）の多い食物をとりすぎる。

③交通事故で［　　］（しぼう）する人が減っている。

意義　異議　脂肪（しぼう）　死亡　志望

2 言葉の使い方が正しいほうに○をつけ、意味を線で結びましょう。

(1) ①会の方針を｛確立／確率｝する。 ・
②くじに当たる｛確立／確率｝は低い。 ・

(2) ①教育の大切さを｛協調／強調｝する。 ・
②人の意見に｛協調／強調｝する。 ・

(3) ①裁判に｛証人／承認｝として出る。 ・
②予算を｛証人／承認｝する。 ・

・ア　どの程度の確かさで起こるという割合。
・イ　しっかりとうち立てること。
・ウ　考えや立場がちがっても互(たが)いに協力し合うこと。
・エ　ある部分を特に目立たせること。
・オ　認めて許すこと。
・カ　証拠(しょうこ)となる物を出したり、話をしたりする人のこと。

使い方に特徴（とくちょう）のある言葉

類義語（意味の似ている言葉）

1 次の文を読んで、意味に合う言葉を［　］から二つ選んで、［　］に書きましょう。

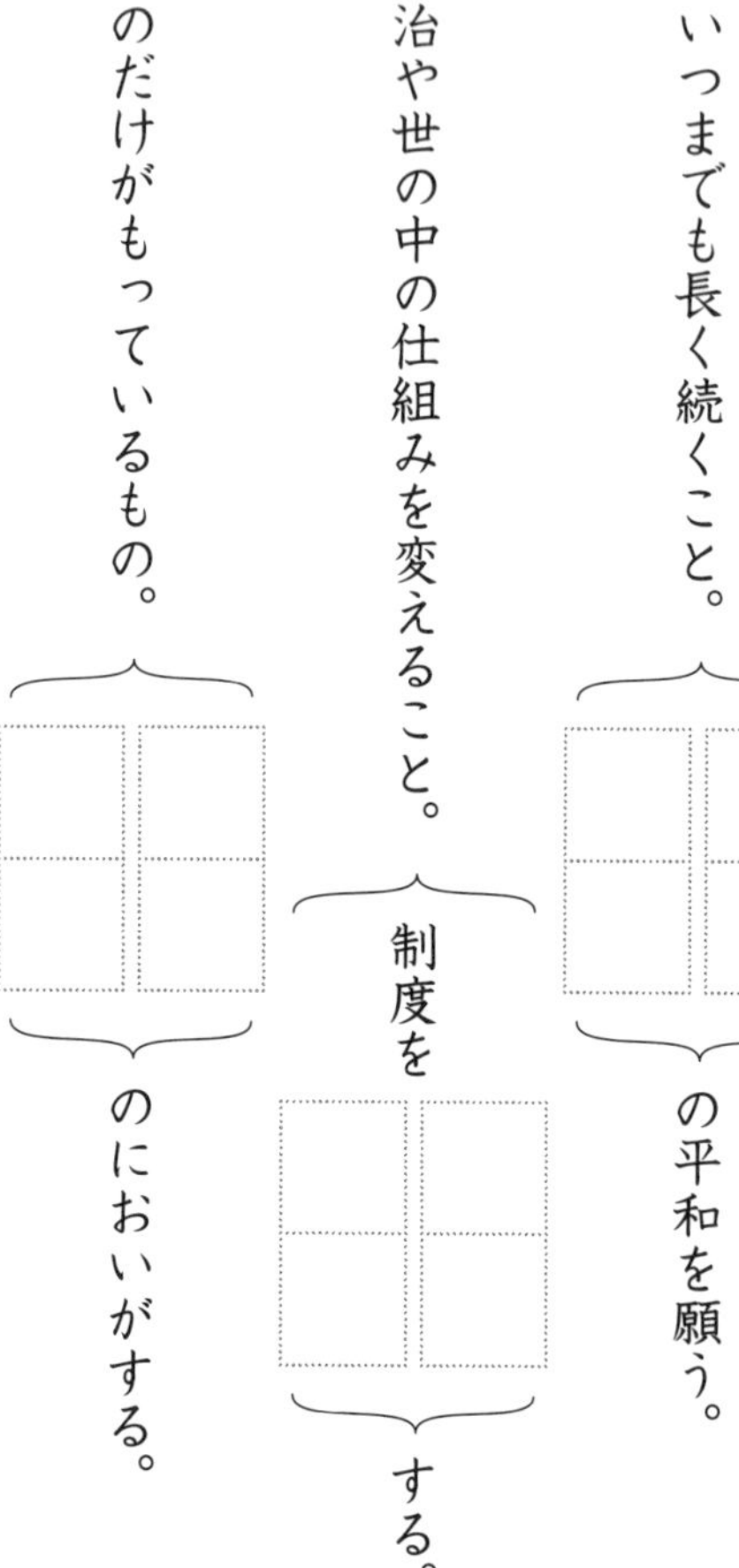

(1) 時間がいつまでも長く続くこと。

［　　］［　　］の平和を願う。

(2) 国の政治や世の中の仕組みを変えること。

制度を［　　］［　　］する。

(3) そのものだけがもっているもの。

［　　］［　　］のにおいがする。

独特　改革　特有　永遠　変革　永久

2 (1)(2)の□□にはそれぞれ似た意味を持つ言葉が入ります。あてはまる言葉を［　］から選んで書きましょう。

(1)

①□□ににしきをかざる。

②夏休みに□□に帰る。

③□□料理が懐(なつ)かしい。

(2)

①弟がたった一人の□□です。

②お祝い会は□□だけでする。

肉親　故郷　郷土　身内　郷里

使い方に特徴(とくちょう)のある言葉

活用形（変化する言葉）

1 使い方が正しい言葉に○をつけましょう。

(1) ①学問を｛修まる。／修める。｝　②素行が｛修まる。／修める。｝

(2) ①雨雲が低く｛垂れる。／垂らす。｝　②窓にカーテンを｛垂れる。／垂らす。｝

(3) ①昔の面影(おもかげ)を｛とどまる。／とどめる。｝　②彼(かれ)は現地に｛とどまる。／とどめる。｝

(4) ①古代都市が｛ほろびる。／ほろぼす。｝　②源氏(げんじ)が平家(へいけ)を｛ほろびる。／ほろぼす。｝

2 （　）にあてはまる言葉を[　]から選んで書き、意味を●―●で結びましょう。

(1) ①寒さが（　　　　　）。　・　　・ア　ちぎりとること。
②声を（　　　　　）。

(2) ①カキの実を（　　　　　）。　・　　・イ　ぴったりと入ること。
②人形の手が（　　　　　）。

(3) ①指輪を（　　　　　）。　・　　・ウ　おだやかになること。
②溝（みぞ）に足が（　　　　　）。

はめる　はまる　もぐ　もげる
やわらぐ　やわらげる

使い方に特徴（とくちょう）のある言葉

副詞（くわしくする言葉）

1 次の言葉につながる言葉を下から選んで、●──●で結びましょう。

(1) 改めて　・　　・ア　迷惑（めいわく）な話だ。

(2) はなはだ　・　　・イ　飛行機が落ちたらどうしよう。

(3) 万一　・　　・ウ　連絡（れんらく）します。

2 言葉の使い方が正しいほうに○をつけましょう。

(1) 私はAさんより｛おまけに／断然｝Bさんが好きだ。

(2) Aさんは｛並びに／ともかく｝Bさんまでそんなことを言うなんて。

(3) あれこれ言われるくらいなら、｛いっそ／ほとんど｝やめてしまいたい。

3 （　）にあてはまる言葉を［　］から選んで、記号で答えましょう。

(1) 大人でも大変なのだから、（　　　　）子供には無理だ。

(2)（　　　　）教えておいてくれたらよかったのに。

(3)（　　　　）私なんか、なにをやってもうまくいかない。

(4)（　　　　）父だと思ったら人違い（ちが）だった。

(5)（　　　　）の休日が雨でだいなしだ。

(6)（　　　　）重そうなかばんだ。

せっかく　あらかじめ　まして　いかにも　てっきり　どうせ

答え

「ことばプリント」小学5・6年生

4・5ページ

1 (1)エ　(2)ア　(3)オ　(4)ウ　(5)カ　(6)イ

2 (1)再会　(2)着目　(3)指図

3 (1)エ　(2)イ　(3)ア　(4)ウ

6・7ページ

1 (1)ウ　(2)イ　(3)ア

2 (1)反復　(2)栽培（さいばい）　(3)廃棄（はいき）

3 (1)ウ　(2)オ　(3)イ　(4)エ　(5)ア　(6)キ　(7)カ

8・9ページ

1 (1)エ　(2)ウ　(3)ア　(4)イ

2 (1)エ　(2)イ　(3)ア　(4)ウ

3 (1)ショック　(2)自負　(3)情け　(4)自尊心　(5)後悔（こうかい）　(6)意欲　(7)一心

10・11ページ

1 (1)イ　(2)ア　(3)エ　(4)ウ

2 (1)ウ　(2)エ　(3)ア　(4)イ

3 (1)当たる　(2)ねだる　(3)誤解　(4)恥（は）じる　(5)イメージ　(6)不可解　(7)情け深い

12・13ページ

1 (1)エ　(2)ア　(3)イ　(4)ウ

2 (1)推　(2)案

3 (1)ウ　(2)オ　(3)イ　(4)ア　(5)カ　(6)エ

14・15ページ

1 (1)直す　(2)切る　(3)出し　(4)張る　(5)ふらす　(6)わたす

2 (1)論　(2)弁　(3)口

3 (1)イ　(2)ア　(3)ウ

16・17ページ

1 (1)ウ　(2)ア　(3)イ

2 (1)ウ　(2)イ　(3)ア

3 (1)移住　(2)引率　(3)到達　(4)散策　(5)合流　(6)縦断

18・19ページ

1 (1)イ　(2)ウ　(3)ア

2 (1)実績　(2)朗報　(3)功績

3 (1)オ　(2)ウ　(3)キ　(4)ア　(5)カ　(6)エ　(7)イ

20・21ページ

1 (1)対応　(2)敬遠　(3)削除（さくじょ）　(4)処置　(5)始末

2 (1)除　(2)謝

3 (1)エ　(2)ウ　(3)ア　(4)カ　(5)イ　(6)オ

22・23ページ

1 (1) エ (2) ウ (3) ア (4) イ

2 (1) 返 (2) 指

3 (1) 付ける (2) 寄せる (3) 合う (4) 加える (5) 切る (6) 取る (7) 上げる

24・25ページ

1 (1) ウ (2) エ (3) ア (4) イ

2 (1) イ (2) ア (3) ウ

3 (1) イ (2) キ (3) エ (4) ウ (5) オ (6) ア (7) カ

26・27ページ

1 (1) ウ (2) イ (3) ア

2 (1) イ (2) エ (3) ア (4) ウ

3 (1) オ (2) カ (3) ア (4) キ (5) エ (6) ウ (7) イ

28・29ページ

1 (1) ウ (2) ア (3) イ

2 (1) イ (2) エ (3) ウ (4) ア

3 (1) エ (2) キ (3) ア (4) イ (5) オ (6) カ (7) ウ

30・31ページ

1 (1) ウ (2) ア (3) イ

2 (1) ア (2) ウ (3) イ

3 (1) 賢明(けんめい) (2) 要領 (3) 才覚 (4) 特技 (5) びんしょう (6) おろか

32・33ページ

1 (1) エ (2) カ (3) イ (4) ア (5) ウ (6) オ

2 (1) 背 (2) 不 (3) 補

3 (1) イ (2) ア (3) ウ

34・35ページ

1 (1) ウ (2) ア (3) イ (4) エ

2 (1) イ (2) ア (3) ウ

3 (1) 豊富 (2) 殺風景 (3) 不断 (4) 反響(はんきょう) (5) 抜群(ばつぐん) (6) 微妙(びみょう)

36・37ページ

1 (1) ア (2) ウ (3) イ

2 (1) イ (2) ア (3) ウ

3 (1) ウ (2) オ (3) ア (4) カ (5) キ (6) イ (7) エ

38・39ページ

1 (1) イ (2) ア (3) エ (4) ウ

2 (1) ウ (2) ア (3) イ

3 (1) イ (2) カ (3) ウ (4) ア (5) オ (6) キ (7) エ

40・41ページ

1 (1) カ (2) エ (3) ア (4) イ (5) オ (6) ウ

2 (1) イ (2) ア (3) ウ

3 (1) ア (2) ウ (3) エ (4) イ

42・43ページ

1 (1)エ (2)ウ (3)ア (4)イ

2 (1)ウ (2)ア (3)イ

3 (1)イ (2)ウ (3)オ (4)カ (5)ア (6)エ

44・45ページ

1 (1)イ (2)ウ (3)ア

2 (1)ウ (2)ア (3)イ

3 (1)抵抗(ていこう) (2)同情 (3)奮起 (4)おろおろ (5)緊張(きんちょう) (6)思いやる

46・47ページ

1 (1)ウ (2)イ (3)ア

2 (1)ウ (2)ア (3)イ

3 (1)ウ (2)エ (3)オ (4)ア (5)イ (6)カ

48・49ページ

1 (1)アエキ (2)ウカク (3)イオケ

※(1)〜(3)はどの言葉が先でも合っています。

2 (1)視 (2)害

3 (1)エ (2)カ (3)ア (4)イ (5)ウ (6)オ

50・51ページ

1 (1)ウ (2)イ (3)ア

2 (1)ア (2)ウ (3)イ

3 (1)オ (2)エ (3)イ (4)ウ (5)ア (6)カ (7)キ

52・53ページ

1 (1)ウ (2)ア (3)イ

2 (1)新 (2)雑 (3)改

3 (1)①②ウカ

※ウ、カどちらが先でも合っています。

(2)オ (3)エ (4)イ (5)ク (6)キ (7)ア

54・55ページ

1 (1)ウ (2)オ (3)エ (4)ア (5)イ

2 (1)イ (2)エ (3)ウ (4)ア

3 (1)ウ (2)ア (3)イ

56・57ページ

1 (1)ウ (2)イ (3)エ (4)ア

2 (1)遺産 (2)交際 (3)性別

3 (1)ウ (2)オ (3)ア (4)イ (5)キ (6)カ (7)エ

58・59ページ

1 (1)オ (2)イ (3)ウ (4)エ (5)ア

2 (1)イ (2)ウ (3)ア

3 (1)ウ (2)エ (3)イ (4)ア

60・61ページ

1 (1) ウ (2) イ (3) ア

2 (1) イ (2) ウ (3) ア

3 (1) 最中 (2) 常に (3) 直後 (4) 時には (5) 突然（とつぜん） (6) 間際

62・63ページ

1 (1) ウ (2) イ (3) ア

2 (1) ウ (2) ア (3) エ (4) イ

3 (1) 首相 (2) 内閣総理大臣 (3) 納税 (4) 有権者 (5) 司法 (6) 同盟

64・65ページ

1 (1) 資本 (2) 分割 (3) 収益 (4) 交易 (5) 財力

2 (1) ウ (2) ア (3) イ

3 (1) イ (2) エ (3) ア (4) オ (5) ウ

66・67ページ

1 (1) イ (2) ウ (3) ア

2 (1) イ (2) ウ (3) ア

3 (1) ①農産物 ②出荷 ③豊作 (2) ①オープン ②営業 (3) ①耕作 ②植樹

68・69ページ

1 (1) イ (2) ア (3) ウ

2 (1) イ (2) ウ (3) ア

3 (1) ①オ ②カ ③ア ④ウ ⑤キ (2) エ (3) ①ク ②イ ③ケ

70・71ページ

1 (1) イ (2) ウ (3) ア

2 (1) ウ (2) イ (3) ア

3 (1) 祭典 (2) 守護 (3) 共演 (4) 上映 (5) 盆踊り（ぼんおど） (6) 文芸

72・73ページ

1 (1) オ (2) イ (3) カ (4) エ (5) ア (6) ウ

2 (1) 入学 (2) 義務 (3) 教養

3 (1) ウ (2) ア (3) イ

74・75ページ

1 (1) イ (2) ウ (3) ア

2 (1) イ (2) ウ (3) ア

3 (1) ①イ ②ウ ③カ ④オ (2) ①エ ②ア

76・77ページ

1 (1) 主将 (2) 棄権（きけん） (3) タイム

2 (1) 勝因 (2) 閉幕

3 (1) イ (2) カ (3) エ (4) ア (5) ウ (6) オ

78・79ページ

1 (1)エ (2)オ (3)ア (4)カ
(5)イ (6)ウ

2 (1)ウ (2)ア (3)イ

3 (1)イ (2)ウ (3)ア

80・81ページ

1 (1)エ (2)オ (3)ウ
(4)イ (5)カ (6)ア

2 (1)イ (2)ウ (3)ア

3 (1)ア (2)ウ (3)イ

82・83ページ

1 (1)暴 (2)自 (3)一 (4)絶

2 (1)イ (2)ウ (3)エ (4)ア

3 (1)千 万 ウ (2)日 月 エ
(3)大 小 オ (4)治 法 ア
(5)文 開 イ

84・85ページ

1 (1)①異議 ②意義
(2)①志望 ②脂肪 ③死亡

2 (1)①確立 イ ②確率 ア
(2)①強調 エ ②協調 ウ
(3)①証人 カ ②承認 オ

86・87ページ

1 (1)永遠 永久 (2)改革 変革
(3)独特 特有
※(1)〜(3)はどの言葉が先でも合っています。

2 (1)①故郷 ②郷里 ③郷土
(2)①肉親 ②身内

88・89ページ

1 (1)①修める ②修まる
(2)①垂れる ②垂らす
(3)①とどめる ②とどまる
(4)①ほろびる ②ほろぼす

2 (1)①やわらぐ ②やわらげる ウ
(2)①もぐ ②もげる ア
(3)①はめる ②はまる イ

90・91ページ

1 (1)ウ (2)ア (3)イ

2 (1)断然 (2)ともかく (3)いっそ

3 (1)まして (2)あらかじめ
(3)どうせ (4)てっきり
(5)せっかく (6)いかにも